LES CAMPAGNES

DE LA

GRANDE ARMÉE

PAR

GUSTAVE GÉRARD

1805

Première Campagne d'Autriche

Bataille d'Austerlitz

LIVRE DEUXIÈME

PRIX : 30 CENTIMES

PARIS

ADOLPHE DELAHAYS, LIBRAIRE

Rue Voltaire, 4 et 6

ET CHEZ L'AUTEUR, 34, RUE SAINT-ROCH

1854

LES CAMPAGNES

DE LA

GRANDE ARMÉE

PAR

GUSTAVE GÉRARD

1805

Suite de la Campagne d'Autriche
Bataille d'Austerlitz

LIVRE SECOND

PARIS

CHEZ DELAHAYS, LIBRAIRE-ÉDITEUR

rue Voltaire, 4 et 6

ET CHEZ L'AUTEUR, 54, RUE SAINT-ROCH

1854

PARIS. — TYP. SIMON RAÇON ET Cᵉ, RUE D'ERFURTH. 1.

LES CAMPAGNES

DE LA

GRANDE ARMÉE

1805

SUITE DE LA CAMPAGNE D'AUTRICHE

BATAILLE D'AUSTERLITZ

I

Marche de l'armée française. — Prise de Braunau, — Combats de Lambach, d'Amstetten et de Mariazell.

Le lendemain même de la capitulation d'Ulm, nos troupes s'étaient remises en marche pour atteindre les Russes avant leur jonction avec la seconde armée qu'ils attendaient. Les hésitations de la Prusse, sa conduite plus qu'équivoque, faisaient une nécessité à l'Empereur d'apparaître avec la rapidité de l'éclair et de frapper comme la foudre. Napoléon n'ignorait pas que le roi Frédéric-Guillaume était vivement sollicité de prendre part à la coalition contre la France. L'empereur Alexandre et l'archiduc Antoine d'Autriche avaient fait tout exprès le voyage de Berlin pour entraîner ce souverain ; et il y avait tout lieu de craindre qu'il ne finît par céder à leurs puissantes instances. Alors cent cinquante mille hommes de plus, lancés tout à la fois sur notre flanc et sur nos derrières, pouvaient compromettre très-gravement notre position.

C'est ce qu'il fallait éviter à tout prix, et c'est pourquoi Napoléon se portait avec tant de rapidité au-devant des Autrichiens et des Russes.

Le 27 octobre, une partie de l'armée française avait déjà effectué le passage de l'Inn. Le 29, le maréchal Lannes s'emparait de Braunau, situé sur la route de Vienne. Le 30, nous avions laissé derrière nous la Bavière et envahi la haute Autriche. Partout l'ennemi se retirait avec précipitation devant nos colonnes. Cependant il fut atteint à Lambach par Davoust, qui lui enleva sept pièces de canon et cinq cents prisonniers.

Le 5 novembre, Napoléon établit son quartier général à Lintz. A cette date, nous avions franchi l'Ens et nous marchions sur Amstetten et Saint-Poëlten, qui ne sont qu'à vingt et quelques lieues de la capitale de l'Autriche. A Amstetten, les Russes, surpris par notre course rapide, furent forcés à un combat d'arrière-garde pour sauver leur artillerie et leurs bagages. Ils avaient pris position sur la route même qui conduit à Vienne, à un endroit où cette route, bordée des deux côtés par une forêt de sapins, forme un coude et présente à droite et à gauche du bois une éclaircie assez spacieuse : leur infanterie s'y était embusquée, ayant son artillerie placée en avant, sur le milieu de la chaussée, la cavalerie en arrière.

A peine nos dragons et nos chasseurs ont-ils franchi ce coude qu'une décharge à mitraille les arrête brusquement. Ils se reforment aussitôt, et, s'élançant sur les pièces, sabrent les canonniers et vont droit à la cavalerie qu'ils culbutent et mettent en fuite. Pendant ce temps, les grenadiers Oudinot échangeaient une vive fusillade avec l'infanterie ennemie; mais celle-ci, parfaitement abritée par un rideau d'arbres épais, nous abattait beaucoup de monde. Il fallut l'en débusquer à coups de baïonnette, arbre par arbre. On se battit avec bravoure de part et d'autre; mais les Russes, forcés sur tous les points, laissèrent sur le terrain ou en notre pouvoir douze à quinze cents des leurs. On les suivit sans relâche pendant deux jours, les pressant de si près, que le général Kutusoff fut contraint d'abandonner les Autrichiens à leurs propres forces et de repasser le pont du Danube à Krems, dans la crainte de se voir intercepter la route de Moravie, vers laquelle il se dirigeait.

Les Russes quittaient donc l'archiduché d'Autriche sans avoir risqué une bataille pour couvrir la position de Vienne. En se séparant d'eux, le général autrichien de Meerfeld se replia sur cette capitale pour en défendre les approches; mais il alla donner dans le corps de Davoust et se fit battre par lui. Quatre mille prisonniers, seize canons, trois drapeaux, furent les trophées de cette glorieuse

affaire qui eut lieu aux environs de Mariazell, et à la suite de laquelle Davoust poursuivit sa marche sur Vienne.

II

Consternation générale dans Vienne. — Envoi du comte
Giulay à Lintz pour demander à Napoléon un armistice.
— Refus. — Mémorable conduite du maréchal Mortier à
Diernstein. — Le 4ᵉ léger, les 58ᵉ, 100ᵉ et 103ᵉ de ligne.
— Belle harangue du major Henriod. — Le 9ᵉ léger, le
52ᵉ et le 96ᵉ de ligne.

La consternation la plus profonde régnait
dans Vienne. L'impératrice, la famille impériale, la cour, les chancelleries, tous les
personnages de distinction fuyaient ce séjour
où l'on s'attendait à nous voir arriver d'un
moment à l'autre. On embarquait sur le Danube les joyaux et les meubles de la couronne,
les archives et les objets les plus précieux.
C'était une véritable déroute, un sauve-qui-
peut général, comme en 1797, lorsque les
troupes républicaines, victorieuses de toutes
les forces de l'Autriche, vinrent camper à
Léoben. A chaque instant des courriers ap-
portaient la nouvelle des progrès de la Grande-

Armée. On s'empressait autour d'eux, on les questionnait sur les moindres détails. La désolation était peinte sur tous les visages. Quelques heures encore, et les aigles françaises flotteraient sur les tours de Saint-Étienne !

Dans cette situation critique, l'empereur François envoya le comte Giulay à Lintz pour demander un armistice provisoire. Mais Napoléon comprit bien que ce n'était là qu'un moyen de gagner du temps, et il se refusa de traiter sur d'autres bases que celles d'une paix immédiate et définitive. En conséquence, nos colonnes continuèrent leur marche. Rien ne pouvait désormais s'opposer à leur entrée à Vienne : nous n'en étions même plus qu'à deux petites journées ; et soldats aussi bien qu'officiers brûlaient tous du désir de montrer leurs uniformes dans cette antique métropole de l'empire germanique, où jamais armée étrangère n'avait encore pénétré.

Ce vif sentiment qui entraînait ainsi toute 'armée donna lieu, dans certains corps, à un mouvement trop précipité. Murat se laissa emporter en avant par sa fougue habituelle. Le maréchal Mortier crut devoir suivre ce mouvement sans attendre l'arrivée des généraux

Dupont et Dumonceau ; et il se porta sur Diernstein avec la seule division Gazan.

Averti de cette pointe imprudente, Kutusoff, qui était en pleine retraite, ainsi que nous l'avons dit, s'arrêta aussitôt et remonta en toute hâte la rive gauche du Danube, dans le but d'écraser Mortier. Kutusoff avait avec lui près de trente-cinq mille hommes, tandis que la division Gazan en comptait à peine cinq mille.

On se rencontra dans la soirée du 10 novembre ; il était trop tard pour en venir aux mains. Mortier remit l'attaque au jour suivant. Il fit ses dispositions en conséquence, ayant à sa droite le Danube ; — à sa gauche, la chaîne des montagnes qui dominent les rives de ce fleuve ; — et au milieu, devant lui, la route même qui mène de Diernstein au bourg de Stein. A certains endroits, cette route est très-resserrée et touche tout à fait au pied des montagnes ; sur d'autres, elle présente des terres vagues entre les hauteurs et le bas de la chaussée. Mortier avait échelonné le 4e léger, colonel Bazancourt, sur ces hauteurs, et avait fait occuper la route et les terrains adjacents par le 58e de ligne, le 100e et le 103e, colonel

Taupin, depuis général de division. Son artillerie, commandée par un jeune officier, devenu à son tour le général Fabvier, était disposée sur son front de bataille.

A sept heures du matin le combat s'engagea; mais le brouillard était tellement intense, qu'on dut se borner, de part et d'autre, à une petite guerre de tirailleurs. A dix heures, lorsque le soleil commença de dissiper cette brume épaisse, le maréchal, qui avait cru tout d'abord n'avoir affaire qu'à une simple division, s'aperçut bientôt qu'il avait devant lui toute l'armée russe. Cependant cette lutte disproportionnée ne l'effraye point; il suppléera au nombre par une intrépidité et une énergie d'action que l'on a bien pu égaler dans quelques circonstances, mais que l'on n'a jamais surpassées.

Les Russes, qui se croyaient sûrs de la victoire, s'avancèrent sur nous en colonne serrée. On les reçut par une décharge à mitraille qui fit osciller en tous sens leurs colonnes, sans les arrêter toutefois. Ils s'élancent sur nos canons, que le 100ᵉ et le 103ᵉ défendent avec énergie. On lutte corps à corps, pied à pied, et l'on se mêle de si près, qu'il ne reste même plus assez d'espace pour faire usage de la baïonnette et que l'on en vient à relever les fusils verticalement pour s'assommer à coups de crosse. Telle était la force d'impulsion de la masse ennemie, que nous fûmes rejetés en arrière de nos canons : pris et repris presque aussitôt, on les déchargea à bout portant sur les Russes. Des files entières en furent abattues, et l'on profita de cet instant de désordre pour tenir les assaillants à distance. Notre infanterie faisait un feu des plus meurtriers, tandis que l'artillerie continuait d'ouvrir de larges trouées dans leurs rangs. On poussa ainsi les Russes jusqu'à Stein, où ils disparurent laissant toute cette route couverte de morts et de mourants

Nous étions maîtres du champ de bataille, après un combat qui n'avait pas duré moins de cinq heures, et l'on croyait pouvoir se reposer jusqu'au lendemain. Mais ce n'était là qu'une partie de notre tâche, et, quelque rude qu'elle eût été, il nous en restait une plus terrible encore à remplir.

Depuis que l'action avait cessé sur la route même, nous entendions sur les hauteurs, occupées par le 4ᵉ léger, un feu qui allait augmentant à chaque minute. On ne savait à quoi l'attribuer, lorsqu'un officier accourut à franc étrier annoncer au maréchal qu'une colonne ennemie, forte de douze à quinze mille hommes, nous avait tournés par Diernstein et qu'elle gagnait de plus en plus du terrain.

La nuit approchait; et, pour comble de malheur, nos munitions étaient épuisées. Cette situation affreuse ne nous laissait d'autre alternative que celle d'être faits prisonniers, ou de percer ces quinze mille Russes qui venaient de nous couper la route de Diernstein.

Mortier réunit alors ses troupes et fit haranguer chaque bataillon par son chef respectif, bien résolu de périr plutôt que de rendre son épée de maréchal de France. Officiers et soldats, tous étaient décidés comme lui à mourir jusqu'au dernier ou à se faire jour à la baïonnette.

« Camarades, s'écrie le major Henriod, commandant le 100ᵉ de ligne, l'armée russe nous enveloppe, et nous ne sommes pas quatre mille; mais les Français ne comptent pas leurs ennemis : nous leur passerons sur le ventre. Grenadiers du 100ᵉ régiment, vous aurez l'honneur de charger les premiers : souvenez-vous qu'il s'agit de sauver les aigles françaises ! »

— Nous sommes tous grenadiers! répondent les soldats.

Au même instant la charge bat, et ces braves s'élancent à la baïonnette en criant : « Point de quartier! »

Le choc fut terrible. Les premiers rangs des Russes n'y tinrent pas; mais il s'en trouvait malheureusement d'autres par derrière, qui, semblables à autant de murs vivants, réparaient aussitôt leurs brèches. On avait beau tuer, il restait toujours à tuer. C'était à lasser les bras les plus robustes, à désespérer les courages les plus intrépides. Quelques officiers de la suite du maréchal, voyant se reformer toujours ces rangs que sans cesse on ouvrait à coups de baïonnette, en vinrent à désespérer du salut commun; et, pour ne pas ajouter à la perte de tant de braves celle d'un maréchal de France, ils proposèrent à Mortier de s'embarquer tout seul sur le Danube.

— Non! non! s'écria le maréchal, on n'abandonne pas ainsi de tels braves! on se sauve ou l'on périt avec eux.

Et, saisissant un fusil, il se mit à charger comme un simple grenadier.

Chacun de nos assauts réitérés nous coûtait

beaucoup de monde ; mais nous nous rapprochions insensiblement de Diernstein. Tout à coup une vive fusillade se fait entendre dans la direction de cette ville. Plus de doute, c'est la division Dupont qui arrive à notre secours ; l'espoir renaît aussitôt dans tous les cœurs ; les rangs se resserrent, on se presse les uns contre les autres ; on tente des efforts inouïs pour trouer cette masse profonde qui nous sépare de nos frères d'armes. De son côté, la division Dupont pousse les Russes avec une vigueur incroyable ; le bruit de sa mousqueterie se rapproche de nous à chaque instant. Déjà l'ennemi ne montre plus le même acharnement ; on s'aperçoit bien que, s'il combat encore, c'est pour donner à ses nombreux régiments, encaissés dans cette gorge étroite, le temps de s'écouler vers les montagnes.

Enfin un cri général retentit sur toute la ligne. Nous venions d'atteindre Diernstein, au moment même où le général Marchand, à la tête du 9e léger, et suivi du 32e et du 96e de ligne, y entrait du côté opposé. Nos soldats s'étaient reconnus à la lueur des coups de fusil. Ils coururent se jeter dans les bras les uns des autres, criant et s'appelant par leurs noms, se demandant et se racontant jusque dans leurs moindres détails toutes les péripéties de cette glorieuse et sanglante journée. Ce fut une véritable fête et des récits à n'en plus finir, interrompus seulement par de tristes regrets, car il manquait un bien grand nombre de camarades à l'appel.

Pendant près de douze heures que cette brave division Gazan avait eu à soutenir le choc de l'armée russe, ses rangs s'étaient terriblement éclaircis : elle avait perdu *trois mille* hommes ! Il est vrai de dire qu'elle en avait tué ou blessé beaucoup plus à l'ennemi et qu'elle lui avait fait en outre douze cents prisonniers. Pas un seul drapeau, pas un seul canon n'était tombé aux mains des Russes.

Napoléon, tout en déplorant la perte de tant de braves, s'empressa de témoigner au maréchal Mortier sa vive satisfaction d'un résultat aussi honorable pour nos armes. Il accorda les récompenses les plus éclatantes aux divisions Gazan et Dupont ; et, en attendant de les envoyer toutes deux se refaire à Vienne de leurs blessures et de leurs fatigues, il les rappela sur la rive droite du Danube.

III

<Entrée des Français dans Vienne. — L'Empereur s'installe
au palais de Schœnbrunn. — Brillants résultats des opé-
rations du maréchal Ney dans le Tyrol. — Retraite de
l'archiduc Jean. — Le général Jellachich fait prisonnier
avec toute sa division par Augereau.>

On était alors au 12 novembre. Murat, par
un heureux stratagème, venait de s'emparer
des ponts de Vienne, et déjà, du haut des
remparts de cette capitale, on pouvait voir
étinceler au loin les carabines et les sabres de
nos soldats, comme jadis les cimeterres des
Ottomans, au temps de Sobieski. Toute résistance eût été inutile, les Autrichiens y avaient
eux-mêmes renoncé, et s'étaient retirés en
Moravie.

L'empereur François avait chargé le comte
Würbna, homme d'un caractère doux et con-
ciliant, de s'entendre avec les Français pour la
paisible occupation de la ville. Il en avait
confié la garde à la milice bourgeoise, en invitant les habitants à nous bien accueillir.
Quelques-uns des plus considérables, confiants

dans la générosité de Napoléon, s'empressèrent de se rendre à son quartier général. Napoléon les reçut avec tous les égards que l'on se doit entre nations civilisées, même en temps de guerre ; il leur dit de se tranquilliser, que ses troupes observeraient la discipline la plus rigoureuse.

Quelques instants après, la brigade Sébastiani faisait son entrée dans Vienne, au milieu de la milice urbaine qui avait pris les armes pour nous recevoir. Murat suivait, remarquable entre tous par son costume brillant et son air martial : son aigrette resplendissante flottait au-dessus de cette mer de plumets et de panaches ondoyants. Des milliers de personnes bordaient les rues ou se pressaient aux fenêtres, avides de contempler ces soldats français qui, depuis douze ans, triomphaient de toute l'Europe, et, par deux fois déjà, avaient planté leurs drapeaux victorieux presque en vue de Vienne, sous le général Bonaparte, en 1797, et sous Moreau, en 1800.

La discipline la plus sévère fut observée, selon la promesse de l'Empereur, et la confiance que cette conduite inspira aux Viennois fut telle, que, deux heures après notre entrée, tous les magasins étaient déjà rouverts. Le soir même, Napoléon voulut s'assurer personnellement de l'ordre qui régnait dans la ville ; il s'y rendit sans cortége et sans faste, et alla s'installer au palais de Schœnbrunn, que les archiduchesses avaient quitté depuis quelques heures seulement.

Ce fut pendant son séjour dans cette résidence que l'Empereur reçut les nouvelles les plus favorables du maréchal Ney, chargé d'envahir le Tyrol. Ney avait emporté d'assaut le fort de Scharnitz, défendu par deux mille Tyroliens, et s'était emparé d'Inspruck. Bientôt l'archiduc Jean dut lui céder tout le pays et se retirer avec ses troupes. Le général Jellachich, celui-là même qui avait échappé à la poursuite de Soult, après la prise de Memmingen, rejeté par Ney sur le lac de Constance, était allé tomber au milieu des colonnes du maréchal Augereau, et avait été fait prisonnier avec toute sa division, au nombre de six mille hommes. Une fois débarrassé des troupes autrichiennes, Ney avait débouché sur le haut Adige, occupé la ville de Trente, et opéré, à Klagenfurt, sa jonction avec l'armée d'Italie.

Tout cela avait été exécuté dans le mois de

novembre, sur les cols les plus élevés des Alpes, qu'il fallut franchir, malgré la défense la plus énergique des habitants, et au milieu des neiges et des glaces d'un hiver précoce.

IV

Murat et Lannes à la poursuite de Kutusoff. — Ruse de ce dernier pour s'échapper. — Lettre de Napoléon au prince Murat. — Sanglante affaire d'Hollabrünn.

À ce moment même, le plan de campagne que l'Empereur avait dicté au camp de Boulogne se trouvait en partie réalisé. L'armée s'était transportée de l'Océan au Rhin en vingt jours, et en quarante du Rhin à Vienne, ayant ainsi parcouru une distance de près de cinq cents lieues dans l'espace de trois mois.

Mais de si grands travaux voulaient être couronnés par la victoire et par une victoire éclatante. Napoléon le sentait bien, et c'est pour cela qu'il venait d'expédier à Hollabrünn, sur la route de la Moravie, le prince Murat, ainsi que les maréchaux Lannes et Soult, afin de fermer toute retraite au général Kutusoff.

Murat et Lannes eurent bientôt devancé ce général ; déjà même ils s'apprêtaient à l'attaquer, lorsque le comte de Wintzingerode, aide de camp général de l'empereur Alexandre, se présenta à nos avant-postes, demandant à être introduit auprès de Murat. Wintzingerode ne craignit pas de donner à ce prince l'assurance formelle que des plénipotentiaires étaient réunis en ce moment à Schœnbrunn, pour y traiter des conditions de la paix : c'est pourquoi il venait proposer un armistice provisoire, aux termes duquel on garderait de part et d'autre ses positions respectives, jusqu'à ce que l'on fût informé du résultat des négociations. En tout état de cause, on devait se prévenir six heures avant la reprise des hostilités.

Doué personnellement d'un caractère trop franc, trop ouvert pour qu'il lui vînt même à l'esprit de suspecter la parole d'un aide de camp général, Murat tomba dans le piége que lui tendait Kutusoff : il consentit à une suspension d'armes, sauf toutefois l'approbation de l'Empereur, à qui un courrier fut envoyé à l'instant même. Voici quelques mots de la réponse de Napoléon :

Schœnbrunn, le 16 novembre, 8 heures du matin.

. . . .

« Rompez l'armistice sur-le-champ et marchez à l'ennemi ; vous lui ferez déclarer que le général qui a signé cette capitulation n'avait point le droit de le faire ; qu'il n'y a que l'empereur de Russie qui ait ce droit. »

Et plus bas :

« Ce n'est qu'une ruse : marchez, détruisez l'armée russe ; vous êtes en position de prendre ses bagages et son artillerie. »

Comme on le voit, l'ordre était formel et n'admettait aucun délai. Lannes poussa néanmoins le scrupule jusqu'à prévenir le général Bagration. La dénonciation eut lieu dans la matinée du 16 ; mais déjà Kutusoff et le gros de son armée avaient disparu. Bagration était seul demeuré en position avec sept à huit mille hommes.

Au moment où le maréchal Lannes marchait à sa rencontre, le général russe s'avançait résolûment de son côté. On échangea d'abord plusieurs décharges, puis les deux colonnes se heurtèrent à la baïonnette avec un égal acharnement, tour à tour repoussant ou repoussées, et toujours revenant à l'attaque. Cette sanglante mêlée dura ainsi plus de trois heures, sans que la nuit suspendît le carnage. Les Russes avaient mis le feu au village de Schœngraben pour se protéger sur leur flanc, et l'on continuait de se battre à la lueur des flammes qui embrasaient l'atmosphère.

Cependant Oudinot, malgré la blessure qu'il a reçue dès le commencement de l'action, se porte en avant avec ses grenadiers et pénètre dans cette fournaise ardente. Les poutres et les toitures, qui s'écroulent et retombent en pluie de feu sur les combattants, ne les arrêtent pas. On les voit se fusiller, se poursuivre à la baïonnette dans les rues, dans les granges, dans les écuries, se frapper à coup de crosse au milieu de tous ces décombres brûlants. Mais l'attaque est tellement furieuse de notre côté, que les Russes sont enfin dépostés sur tous les points.

Bagration avait perdu près de la moitié de sa division. Se voyant cerné, et hors d'état de continuer la lutte, il se forme en colonne serrée, place au premier rang un certain nombre d'officiers, familiers avec notre langue, et, à la faveur de l'obscurité et de la confusion épouvantable de ce champ de bataille, se jetant à l'endroit le plus faible de notre ligne, il la traverse en criant : « *Nous sommes Français, ne tirez pas sur les vôtres.* »

Ce fut au moyen de ce stratagème qu'il réussit à s'échapper, non sans d'énormes sacrifices : il nous abandonnait son artillerie, dix-huit cents prisonniers, et laissait sur le terrain deux mille hommes tant tués que blessés.

V

Nouvelles ouvertures de paix de l'Autriche. — Napoléon choisit son champ de bataille. — Décision prise à Olmutz par les empereurs d'Autriche et de Russie de marcher à notre rencontre. — Attaque de Wischau par Bagration. — L'Empereur fait demander une entrevue à Alexandre, qui lui envoie son premier aide de camp, le prince Dolgorouki. — Rapport de ce dernier à son souverain. — Cri général parmi les Russes pour livrer bataille.

On poursuivit les Russes à outrance jusqu'à Brunn, position importante qu'ils ne songèrent même pas à nous disputer, dans la précipitation de leur fuite. Napoléon y établit son quartier général le 20 novembre.

Ce fut dans cette capitale de la Moravie que le général Giùlay, accompagné du comte de Stadion, vint faire de nouvelles ouvertures de paix à l'Empereur. Tout entier aux soins de la campagne, Napoléon les congédia après quelques pourparlers, en les invitant à se rendre à Vienne, auprès de M. de Talleyrand. Il était prêt, soit à traiter, soit à finir cette guerre par un coup d'éclat, selon l'occurrence la plus avantageuse. En attendant, il s'occupait des moindres détails de son armée, s'enquérait de ses besoins et pourvoyait à tout. Chaque jour il montait à cheval pour parcourir ses lignes, examinant, étudiant avec une attention toute particulière, les positions du pays. Déjà, dans sa pensée, il a choisi le théâtre même de la lutte qui doit décider du sort de la coalition européenne.

« Messieurs, disait-il, un matin, aux généraux qui l'entouraient sur le plateau d'Austerlitz, étudiez bien ce terrain; avant peu ce sera votre champ de bataille. »

Napoléon avait-il alors la prescience de ce qui se passait dans les conseils d'Olmutz? On serait presque tenté de le croire. Les empereurs d'Autriche et de Russie, qui avaient enfin réuni leurs armées, occupaient, aux environs de cette ville, une position très-forte; mais ils manquaient de magasins et de fourrages, et l'on agitait précisément la question de savoir si l'on n'abandonnerait pas cette position pour se porter en avant et livrer bataille. L'opinion des militaires les plus expérimentés était qu'il ne fallait rien faire, chaque jour de retard venant aggraver notre situation. Pourquoi se presser? S'il n'était plus possible de vivre dans le pays, on n'avait qu'à se retirer en Hongrie, où l'on trouverait tout en abondance et où l'on serait rejoint par les archiducs avec quatre-vingt mille hommes. On donnerait ainsi à la Prusse le temps d'entrer en ligne et de jeter dans la balance le poids de son épée.

C'était là de la logique élémentaire; mais de pareils avis ne pouvaient prévaloir auprès de cette ardente jeunesse qui entourait l'empereur Alexandre; l'idée seule de paraître éviter une rencontre la transportait d'indignation. Que lui parlait-on d'attendre de nouveaux renforts? L'armée combinée était en nombre plus que suffisant pour braver les Français : cela ne pouvait même pas être l'objet d'un doute. Napoléon venait de se replier brusquement et de rappeler à lui son avant-garde, lancée sur la route d'Olmutz. N'était-ce pas là une preuve irrécusable et convaincante, qu'il redoutait une bataille, qu'il cherchait à l'éviter?

En vain, les vieux généraux autrichiens des campagnes d'Italie essayaient-ils de faire triompher des idées plus sensées. En vain, conseillaient-ils de ne pas se laisser aller aux apparences. Si Napoléon concentrait ses troupes, ce n'était point, à leur avis, qu'il reculât devant une action générale; c'était, au contraire, pour l'amener dans les conditions qu'il voulait; et ces généraux, blanchis dans les combats, rappelaient les prodiges dont ils avaient été témoins en Italie. Ils citaient entre autres : Castiglione, Rivoli, Marengo, où Bonaparte, en des situations bien autrement critiques que celle où il pouvait se trouver aujourd'hui, avait comme maîtrisé la victoire par des manœuvres aussi imprévues que rapides, et culbuté des forces bien supérieures aux siennes.

Les Russes répliquaient qu'il n'en pouvait être de même avec leur armée; et ils parlaient avec orgueil de la ténacité de leurs soldats, de l'invincible garde d'Alexandre et de l'élan irrésistible que la présence de leur empereur allait communiquer aux troupes.

De tels propos chatouillaient trop flatteusement la vanité nationale, pour ne pas prévaloir sur les sages conseils de l'expérience. Il fut décidé que l'armée austro-russe abandonnerait ses positions et se porterait à notre rencontre.

Ce fut le prince Bagration qui atteignit le premier à Wischau, dans la journée du 29 novembre, notre avant-garde, composée de cavalerie et d'un détachement d'infanterie. Nos troupes avaient ordre de ne s'engager que faiblement et de battre en retraite, dès qu'elles se verraient serrées de trop près. C'était faire beau jeu à l'ennemi : aussi le vit-on déployer dans son attaque une très-grande vigueur. Après avoir tourné Wischau avec des forces considérables, il pénétra de haute lutte dans ce bourg et y ramassa une centaine de prisonniers. Le reste se replia en toute hâte sur les escadrons de Murat, qui, poursuivi vigoureusement lui-même par Bagration, se garda bien de résister et vint prendre position à peu de distance du gros de l'armée.

Ces deux légers avantages achevèrent de tourner toutes les têtes de l'état-major d'Alexandre. On y prit au sérieux le mouvement rétrograde de notre avant-garde; les Russes y puisèrent la conviction de leur supériorité marquée sur nos propres troupes, et les jugèrent complétement incapables de se mesurer avec eux en bataille rangée. Or, c'était précisément là l'opinion que l'Empereur avait voulu accréditer chez ses adversaires : mais, pour les mieux tromper encore, il envoya un de ses aides de camp, le général Savary, demander une entrevue à Alexandre. Cette demande ne manqua pas d'être interprétée comme une nouvelle preuve que nous cherchions à nous sortir d'embarras par la voie des négociations.

Alexandre fit un accueil très-gracieux au général Savary, tout en répondant d'une manière évasive aux ouvertures de paix qu'il lui apportait : « Il ne pouvait personnellement, disait-il, accepter une entrevue à cause de ses engagements avec l'empereur François; mais son premier aide de camp, le prince Dolgorouki, allait se rendre auprès de l'Empereur des Français pour conférer avec lui.

Le prince Dolgorouki arriva à nos avant-postes dans la journée du 30 novembre. Des milliers de soldats étaient occupés à élever des retranchements, à établir de fortes batteries. Les grandes gardes étaient doublées et rapprochées comme si l'on eût craint une surprise. Napoléon savait bien que ces précautions, que tout ce mouvement n'échapperaient point à l'œil investigateur de l'envoyé russe; et, pour lui laisser supposer qu'on voulait lui en dérober la connaissance, il était allé, à dessein, le recevoir à l'extrémité de sa ligne.

Cette précaution et le ton même d'extrême réserve que Napoléon apporta dans la conférence, ne firent que confirmer chez le prince Dolgorouki la très-fausse idée qu'il se faisait de notre situation. De retour au quartier général, il y raconta toutes les particularités qu'il pensait avoir surprises, l'anxiété qu'il avait cru remarquer dans notre camp, et enfin les grands travaux de fortification que l'on y exécutait. « Ma conviction profonde, » ajouta-t-il en terminant son rapport, « est que l'armée française ne saurait tenir devant les bataillons russes, et qu'elle sera infailliblement écrasée. »

Il n'en fallut pas davantage pour porter à ses dernières limites l'aveugle et folle confiance des favoris d'Alexandre ; il n'y eut plus qu'une voix parmi eux pour livrer bataille.

VI

Préparatifs d'Austerlitz. — Proclamation de l'Empereur. — Il visite incognito les bivacs. — Le vieux grenadier et l'anniversaire du couronnement.

Le 1er décembre, tandis que l'armée russe se mettait en mouvement, l'Empereur, de son côté, ne perdait pas une minute. Il consacra toute cette journée à assigner à chacun de ses différents corps son ordre de bataille. Le maréchal Lannes reçut le commandement de l'aile gauche ; Bernadotte celui du centre ; à Soult il confia celui de la droite.

L'aile gauche était formée des divisions d'infanterie Suchet et Caffarelli (ci-devant Bisson) et de la cavalerie du prince Murat, comprenant une division de cavalerie légère, sous les ordres de Kellermann ; deux divisions de dragons, sous ceux des généraux Walther et Beaumont ; et les deux divisions de cuirassiers Nansouty et d'Hautpoul. Lannes s'ap-

puyait, à sa droite, sur cette masse de cavalerie ; à sa gauche, sur une hauteur nommée
Santon, que l'Empereur avait fait garnir de
dix-huit pièces d'artillerie. Il en avait confié
la défense au 17e d'infanterie légère et au
général Claparède : « C'est la position la plus
importante de l'armée, lui avait-il dit, vous
vous ferez tuer plutôt que de l'abandonner. »

Le centre était occupé par les divisions
Vandamme et Saint-Hilaire, appartenant toutes
deux au corps du maréchal Soult.

L'aile droite ne se composait que de la division Legrand, appartenant aussi à ce corps.
L'Empereur avait renforcé cette division de
deux bataillons de tirailleurs, connus sous le
nom de tirailleurs corses et de tirailleurs du
Pô, ainsi que d'un détachement de cavalerie
légère, commandée par le général Margaron.
Fort en arrière, à une lieue et demie de là, à
Gros-Raigern, se trouvait la division Friant.

Napoléon retenait auprès de lui la garde
impériale, les grenadiers Oudinot et le corps
de Bernadotte, formé des divisions Drouet et
Rivaud : en tout vingt-cinq mille hommes et
quarante pièces d'artillerie. C'est avec cette
troupe d'élite qu'il devait se porter partout où

le besoin l'exigerait. Il s'était placé, à cette intention, derrière les maréchaux Lannes et Soult, sur une éminence, d'où l'on embrassait toute l'étendue de la plaine.

Tel était l'ordre de bataille de l'armée française. L'appel du soir constata soixante-douze mille cent soixante et onze hommes présents sous les drapeaux, avec cent cinquante bouches à feu.

Napoléon adressa à son armée la proclamation suivante, qui lui dévoilait en deux mots la manœuvre imprudente de l'ennemi :

« Soldats,

« L'armée russe se présente devant vous
« pour venger l'armée autrichienne d'Ulm. Ce
« sont ces mêmes bataillons que vous avez
« battus à Hollabrunn, et que depuis vous
« avez constamment poursuivis jusqu'ici.

« Les positions que nous occupons sont for-
« midables ; et, pendant qu'ils marcheront
« pour tourner ma droite, ils me présenteront
« le flanc.

« Soldats, je dirigerai moi-même tous vos
« bataillons. Je me tiendrai loin du feu, si,

« avec votre bravoure accoutumée, vous por-
« tez le désordre et la confusion dans les
« rangs ennemis. Mais, si la victoire était un
« moment incertaine, vous verriez votre Em-
« pereur s'exposer aux premiers coups; car
« la victoire ne saurait hésiter dans cette
« journée, où il s'agit de l'honneur de l'infan-
« terie française, qui importe tant à l'honneur
« de toute la nation.

« Que, sous prétexte d'emmener les blessés,
« l'on ne dégarnisse pas les rangs, et que cha-
« cun soit bien pénétré de cette pensée, qu'il
« faut vaincre ces stipendiés de l'Angleterre,
« qui sont animés d'une si grande haine contre
« notre nation.

« Cette victoire finira votre campagne, et
« nous pourrons reprendre nos quartiers
« d'hiver, où nous serons joints par les nou-
« velles armées qui se forment en France, et
« alors la paix que je ferai sera digne de mon
« peuple, de vous et de moi.

« NAPOLÉON. »

Voulant connaître l'effet de ces paroles sur
les esprits, l'Empereur sortit à pied pour vi-
siter encore les bivacs.

3

La nuit était sombre et froide, et nos solda[...]
avaient allumé des feux dont la lumière s[...]
projetait d'une ligne à l'autre. A peine l'Empe[...]
reur eut-il marché quelques pas, qu'il fû[...]
aussitôt reconnu.

Un vieux grenadier l'aborda et lui dit, en fai[...]
sant allusion à un passage de sa proclamation[...]
« Sire, tu n'auras pas besoin de t'exposer; j[...]
« te promets, au nom de mes camarades, qu[...]
« tu n'auras à combattre que des yeux, et que[...]
« demain, nous t'amènerons les drapeaux e[...]
« les canons de l'armée russe, pour célébre[...]
« l'anniversaire de ton couronnement. »

Cette idée de l'anniversaire du couronnement est aussitôt saisie. Quelques homme[...]
prennent la paille sur laquelle ils reposent, e[...]
forment des torches allumées qu'ils placent a[...]
bout de leurs fusils. En moins de quelques mi-
nutes, cet exemple est suivi sur notre front de[...]
bandière, qui s'illumine alors comme par un[...]
mouvement électrique. C'était quelque chose[...]
d'admirable à voir que l'enthousiasme de tous[...]
ces vétérans de nos armées du Rhin, de[...]
l'Égypte et de l'Italie. Ils se précipitaient sur[...]
les pas de l'Empereur, l'interpellaient avec[...]
une familiarité respectueuse, et lui juraient[...]

de se montrer dignes de lui et de la France. Napoléon se retira tout ému, et fut salué, à son départ, par des acclamations unanimes. Il s'occupa, le reste de la nuit, des dernières dispositions pour cette grande journée du 2 décembre.

VII

Le 2 décembre. — Dernière allocution de l'Empereur à ses soldats. — Le soleil d'Austerlitz. — La bataille. — Belle défense du 3e de ligne et des tirailleurs corses. — Le 1er de dragons, le 15e léger, le 55e de ligne et le général Heudelet. — Le 48e de ligne accablé sous le nombre. — Huit mille fantassins et moins de trois mille cavaliers contre trente-cinq mille Austro-Russes!

A quatre heures du matin, l'Empereur monta à cheval pour parcourir les postes, reconnaître les feux des Russes et la position de leur armée. Tous les rapports s'accordaient sur le mouvement que leurs colonnes exécutaient de gauche à droite. Il voulut néanmoins s'en assurer lui-même et descendit jusqu'au village de Puntowitz, sur les bords d'un ruisseau qui séparait les deux camps. Les feux des bivacs de l'ennemi étaient éteints, mais on entendait un bruit confus de chevaux et de canons, qui dénotait une marche sur notre flanc droit.

C'était précisément la manœuvre que Napoléon désirait si ardemment ; elle le remplit d'une *indicible joie,* pour nous servir de ses propres expressions. L'ennemi se jetait donc tête baissée dans le piége qu'il lui avait tendu ; chaque pas qu'il allait faire était un pas de plus vers sa perte.

« Avant ce soir, s'écria l'Empereur à différentes reprises, cette armée est à moi, »

Son inspection terminée, Napoléon vint, en attendant le jour, se mettre à la place qu'il avait choisie, entre sa gauche et son centre. Il était entouré des maréchaux Murat, Lannes, Bernadotte, Soult, Davoust, Bessières et Berthier. Les soldats couraient gaiement aux armes ; tout était prêt, et la foudre allait éclater sur l'étendue de cette ligne immense.

Enfin le jour parut, amenant avec lui une brume épaisse dont les vagues flottantes enveloppaient l'espace et ne laissaient guère apercevoir que les points culminants de la plaine. L'Empereur donne ses derniers ordres, et les maréchaux partent au galop pour rejoindre leurs corps. Quant à lui, il parcourt rapidement une grande partie de son front de bataille et adresse aux troupes une dernière allocution :

« Soldats ! s'écrie-t-il avec feu, il faut finir cette campagne par un coup de tonnerre qui confonde l'orgueil de nos ennemis et apprenne enfin au monde que nous n'avons pas de rivaux. »

A chaque régiment il lance quelques chaudes paroles, flattant et stimulant l'amour-propre des uns, rappelant aux autres leurs exploits passés. « Souvenez-vous qu'il y a bien des années, je vous ai surnommé le *Terrible,* » dit-il en passant devant le 57e ; et au 28e, presque entièrement composé d'enfants du Calvados et de la Seine-Inférieure : « J'espère que les Normands se distingueront aujourd'hui. »

Les cris de *Vive l'Empereur !* répétés sur toute la ligne, furent la seule réponse de l'armée.

Mais déjà le brouillard commençait à se dissiper aux rayons d'un de ces magnifiques soleils comme on en voit dans les belles journées de l'hiver : C'était le *soleil d'Austerlitz !*

A ce moment même un feu très-vif se fit entendre sur notre extrême droite. Le général autrichien Kienmayer venait d'aborder nos positions. Ce général formait, avec cinq bataillons et quatorze escadrons, l'avant-garde de l'aile gauche des ennemis, qui se composait en outre de trois colonnes d'infanterie commandées par les généraux Doctoroff, Langeron et Pribyschewski, sous la direction en chef du général Buxhœwden. Ces forces présentaient un effectif de trente-cinq mille hommes.

Le centre de l'armée alliée était formé de l'infanterie autrichienne de Kollowrath, et de l'infanterie russe de Miloradowitch; vingt-sept à trente bataillons, sous le commandement du général en chef Kutusoff et des empereurs d'Autriche et de Russie. Ces bataillons occupaient le plateau de Pratzen que les trois colonnes de Buxhœwden venaient d'abandonner.

La droite des Austro-Russes, composée de l'infanterie de Bagration et commandée par ce général, se reliait au centre par une masse formidable de cavalerie, quatre-vingt-deux escadrons sous les ordres du prince Jean de Lichtenstein. C'était une force d'environ vingt-sept à vingt-huit mille hommes opposée à l'infanterie de Lannes et à la cavalerie de Murat.

Un peu en arrière du centre se trouvait la garde impériale russe qui comptait dix mille hommes environ et formait la réserve, sous le commandement du grand-duc Constantin.

On pouvait évaluer l'artillerie ennemie à plus de deux cents bouches à feu.

Le plan des coalisés était de s'emparer, sur leur gauche, des villages de Telnitz, Sokolnitz et Kobelnitz, et de s'avancer sur nos derrières jusqu'à Brunn, pour nous couper la route de Vienne. Bagration devait enlever le *Santon* et marcher, lui aussi, directement sur Brunn, point de réunion assigné aux divers corps de l'armée ennemie.

Dès sept heures du matin, les trois colonnes Doctoroff, Langeron et Pribyschewski commencèrent à descendre des hauteurs de Pratzen. Tandis qu'elles opéraient leur mouvement, le général Kienmayer, comme on l'a vu, avait vigoureusement attaqué Telnitz. Repoussé plus vigoureusement encore par le 3e de ligne et par le bataillon des tirailleurs corses, il s'épuisait en vains efforts, depuis plus d'une heure, pour parvenir à se loger dans ce village, lorsque le général Buxhœwden parut à la tête de la colonne Doctoroff, forte de vingt-quatre bataillons. Le 3e de ligne et les tirailleurs corses, malgré toute leur bravoure, ne purent tenir devant cette masse, et allèrent se ranger en bataille au delà de Telnitz. En ce moment notre droite était tout à fait débordée ; heureusement Buxhœwden s'arrêta pour attendre la seconde colonne du général Langeron, ce qui donna à la division Friant le temps d'arriver.

Le 1er de dragons, accouru au galop, rejette pêle-mêle dans Telnitz les Autrichiens et les Russes. Le 108e de ligne et une partie du 15e léger entrent, à la suite de nos cavaliers, dans ce village et en chassent l'ennemi, après lui avoir fait éprouver une perte considérable. Bientôt celui-ci revient avec des forces supérieures, emporte de nouveau Telnitz, se rend maître de Sokolnitz, et débouche dans la plaine. Le général Friant lance aussitôt les six régiments de dragons de la division Bourcier contre les colonnes austro-russes, tandis que le 108e et le 15e léger, conduits par le général Heudelet, reprennent vigoureusement l'offensive. Le succès couronne encore une fois nos efforts. Sokolnitz est enlevé et les assaillants refoulés au delà des positions qu'ils nous avaient prises.

Cependant ils pénètrent avec de nouveaux bataillons dans ce malheureux village qui s'abîme sous les balles et les boulets. Le 48e, accablé sous le nombre, était sur le point de succomber, lorsque Friant accourut le dégager à la tête du 35e de ligne et du 15e léger. Ce brave général et son illustre chef, le maréchal Davoust, trouvaient moyen de multiplier leur présence et de se porter tour à tour sur les points les plus menacés. Avec huit mille fantassins et moins de trois mille cavaliers, ils faisaient face à trente-cinq mille Russes !

VIII

Attaque du centre ennemi par Soult. — Les divisions Vandamme et Saint-Hilaire. — Le 10e léger et le général Morand. — La brigade Thiébault, 14e et 36e de ligne. — La brigade Varé, 43e et 55e de ligne. — Les Autrichiens et les Russes rejetés sur le revers du plateau de Pratzen. — Efforts de leurs généraux pour les rallier. — L'empereur Alexandre et sa garde. — Le grand-duc Constantin.

Tandis que la lutte éclatait ainsi à notre extrême droite, Soult, avec les divisions Vandamme et Saint-Hilaire, marchait d'un pas rapide vers le centre des Austro-Russes. Arrivé au pied du plateau de Pratzen, il s'y arrêta sur l'ordre de l'Empereur, pour laisser l'ennemi s'engager jusqu'au bout dans la fausse manœuvre qu'il tentait sur notre flanc droit.

Au signal de l'attaque, on vit aussitôt les

divisions Vandamme et Saint-Hilaire gravir d'un pas mesuré les pentes du plateau, sans répondre à la fusillade qu'on leur envoyait. Elles vinrent se placer, la première au delà et à gauche de Pratzen, en face de l'infanterie russe de Miloradowitch ; la seconde à droite de ce village, ayant devant elle les Autrichiens de Kollowrath.

Dans cet ordre de bataille, Vandamme tenait la gauche ; Saint-Hilaire la droite, avec sa division formée du 10ᵉ léger, général Morand ; du 14ᵉ et du 36ᵉ de ligne, général Thiébault ; du 43ᵉ et du 53ᵉ, brigade Varé, qui reliait les deux divisions.

Le général Thiébault, qui avait avec lui une batterie de douze pièces, ouvrit un feu si terrible, qu'il fit tout d'abord reculer les Autrichiens et les força bientôt à s'enfuir.

De son côté, Vandamme, après plusieurs décharges exécutées presque à bout portant sur les Russes, les abordait à la baïonnette et les rejetait à leur tour sur le revers du plateau de Pratzen. Leurs canons, enlevés et retournés contre eux, achevèrent de semer le désordre dans leurs rangs et précipitèrent leur retraite.

Tout cela s'était fait en un clin d'œil. Il ne

restait plus à enlever qu'un mamelon qui était défendu par deux régiments russes et protégé par une nombreuse artillerie. Vandamme ordonna au général Schinner de tourner la position avec le 24ᵉ léger, et courut lui-même l'aborder de front avec le 4ᵉ de ligne. Ce brave régiment franchit ce mamelon au pas de course, en chassa les Russes et s'empara de leur artillerie.

Il n'était guère plus de dix heures à ce moment, et déjà, par cette brusque attaque, l'armée russe se trouvait gravement compromise. Son centre était séparé de sa gauche, devenue en quelque sorte étrangère à l'action générale. Kutusoff comprit qu'il lui fallait à tout prix reprendre le plateau de Pratzen. Quoique blessé d'une balle à la joue, il se jette au milieu de ses colonnes en désordre et cherche à les rallier. Miloradowitch et Kollowrath joignent leurs efforts aux siens. L'empereur Alexandre accourt lui-même encourager ses soldats de sa présence et de sa parole. Il fait avancer sa garde pour servir de point de ralliement à son centre en déroute. Dès que celui-ci sera reformé, le grand-duc Constantin a l'ordre de se porter aussitôt en avant, et de rétablir de vive force les communications avec l'aile gauche de Buxhœwden.

Le grand-duc part au galop pour exécuter ces instructions : le salut de l'armée russe en dépend.

IX

Les uhlans du grand-duc Constantin contre la division Caffarelli et le général Kellermann. — Mort de leur commandant, le général Essen. — Mêlée générale de la cavalerie, suivie d'un véritable combat à coups de canon. — Les tambours du 13ᵉ léger emportés par une volée de mitraille. — Le général Valhubert blessé mortellement. — Sa lettre à l'Empereur. — Prise du village de Blazowitz par le colonel Castex, du 13ᵉ léger. — Il est tué. — Terrible charge des cuirassiers français. — La cavalerie ennemie culbutée et dispersée. — Ténacité des fantassins de Bagration. — Nouvelle charge des cuirassiers d'Hautpoul. — Victoire du maréchal Lannes.

C'était tout à la fois un terrible et majestueux spectacle que celui de ce grand drame qui se déroulait sous les yeux des trois empereurs de l'Europe. Près de quatre cents pièces de canon mêlaient leur voix imposante aux détonations précipitées de la mousqueterie. Les hommes se heurtaient contre les hommes, les chevaux contre les chevaux. Le plomb, le fer, l'acier, provoqués de partout, répondaient de partout et promenaient la mort de rang en rang, sur une étendue de plus de trois lieues.

Au premier coup de canon tiré des hauteurs de Pratzen, le maréchal Lannes marcha droit devant lui, ayant à sa gauche la division Suchet, à sa droite la division Caffarelli, appuyée par la cavalerie de Murat. Le terrain, uni et spacieux de ce côté, se prêtait admirablement aux évolutions de la cavalerie. Le prince de Lichtenstein y avait rangé ses nombreux escadrons, attendant que nous fussions à portée pour les lancer sur nous. Dès qu'il croit le moment venu, il détache les uhlans du grand-duc Constantin sur la division Caffarelli.

Le général Kellermann semble d'abord les attendre de pied ferme : mais, tournant bride tout à coup, il passe dans les intervalles de nos bataillons et va se reformer à leur gauche. Au lieu de notre cavalerie légère, les uhlans rencontrent une ligne de baïonnettes serrées d'où sort un feu épouvantable. Quatre cents de ces cavaliers sont, à la première décharge, couchés par terre; leur chef, le général Essen, est atteint mortellement. C'est alors que Kellermann, pour achever ce qui reste de ce régiment, s'élance avec quelques-uns de ses escadrons.

De son côté, le prince de Lichtenstein en envoie d'autres ; du nôtre, les dragons Walther et Beaumont partent au trot : l'action devient générale. Les chevaux s'entrechoquent, les sabres se croisent et retentissent sur les casques ; on se charge de part et d'autre avec le même élan, avec la même furie. Bientôt ce n'est plus qu'une affreuse mêlée où personne ne commande, où chacun combat pour son propre compte. Enfin, de lassitude et d'épuisement, toute cette masse de combattants s'éclaircit peu à peu, et le champ de bataille apparaît alors jonché de débris d'armes, de cadavres de chevaux, et d'hommes expirants.

Notre infanterie s'avance en colonnes serrées pour se mesurer à son tour sur ce terrain ensanglanté. Les Russes la laissent approcher à distance, et, démasquant tout à coup une batterie de quarante bouches à feu, nous couvrent de mitraille et de boulets. Le 13e léger a toute la ligne de ses tambours emportée. Notre artillerie riposte aussitôt, et l'on voit tomber, sous cette décharge, des rangs entiers : c'est un véritable combat à coups de canon. Le général de brigade Roger Walhubert a la jambe fracassée par un boulet. Blessé du même coup, son cheval se cabre et le général tombe entre les bras de ses soldats; ils veulent le porter à l'ambulance : « Rappelez-vous, leur dit-il, l'ordre du jour; ne quittez pas vos rangs; si vous revenez vainqueurs, vous me releverez après la bataille; si vous êtes vaincus, que m'importe la vie[1] ? »

Cependant, au milieu de cette épouvantable canonnade, nous gagnions insensiblement du terrain et nous touchions au village de Blazowitz. Nos boulets et nos obus y avaient mis le feu, mais les Russes s'y maintenaient, et, cachés par les replis du ravin au fond duquel est posé ce village, ils jetaient sur nos colonnes un feu très-meurtrier. Le colonel Castex, du 13e léger, parvint néanmoins à s'emparer de la position; malheureusement il paya ce succès de sa vie.

[1] Le général Valhubert mourut des suites de sa blessure trente heures après la bataille.

« J'aurais voulu faire plus pour vous, écrivait-il de sa main défaillante à l'Empereur ; dans une heure j'aurai cessé de vivre. Je ne regrette pas la vie, puisque j'ai participé à une victoire qui vous assure un règne heureux. Quand vous penserez aux braves qui vous étaient dévoués, souvenez-vous de moi. Il me suffit de vous dire que j'ai une famille; je n'ai pas besoin de vous la recommander. »

La recommandation était, en effet, inutile. Ces dettes-là furent toujours sacrées pour Napoléon.

Trois autres villages, Holubitz, Krüch et Bosenitz, restaient encore à enlever sur notre extrême gauche ; ils ne tardèrent pas à tomber entre nos mains. Alors, rompant sa ligne de bataille, le maréchal Lannes porta obliquement à gauche la division Suchet, obliquement à droite la division Caffarelli, de manière à séparer complétement l'infanterie de Bagration de la cavalerie du prince Lichtenstein et à isoler leurs mouvements. En vain Lichtenstein, qui a deviné l'intention du maréchal, vient se ruer avec tous ses escadrons sur la division Caffarelli ; il trouve dans nos baïonnettes un rempart d'airain. Trois fois il renouvela son attaque, et trois fois il fut repoussé avec perte. Il s'apprêtait à revenir une quatrième fois ; mais déjà l'ordre était donné aux deux divisions des cuirassiers Nansouty et d'Hautpoul de s'avancer et de balayer toute la plaine.

Ces terribles cavaliers, ces *hommes de fer*, comme on les appelle en Allemagne, partent au trot, la latte au poing. Arrivés à distance, la charge sonne, et l'on voit se lancer, au plus fort galop de leurs chevaux, ces quatre à cinq mille combattants. La terre tremble au loin sous leurs pas. Comme ils vont ! comme ils se précipitent! on dirait d'un ouragan de fer et de feu. Déjà la première ligne ennemie est rompue et culbutée. La seconde essaye d'une résistance plus opiniâtre, mais elle ne peut tenir davantage devant la furie française; et bientôt ces nombreux escadrons autrichiens et russes s'enfuient dans le plus grand désordre, pour ne plus reparaître de la journée.

Le maréchal Lannes se trouvait maître de toute la plaine à sa droite. Il n'en était pas de même à sa gauche, où Suchet avait à lutter contre la ténacité des fantassins de Bagration : semblables à ces murailles hérissées de pointes en fer sur lesquelles on ne peut impunément porter la main, ils nous tenaient à distance. Nous les poussions vigoureusement, mais sans pouvoir les entamer.

Cependant le maréchal, impatient d'en finir, vient d'appeler à lui les cuirassiers d'Hautpoul. Ces braves accourent, conduits par d'Hautpoul lui-même, et tombent avec leur impétuosité irrésistible sur toutes ces masses russes groupées en gros pelotons séparés, mais se prêtant un mutuel appui. Plusieurs de ces pelotons sont aussitôt enfoncés et sabrés; d'autres, entourés par nos escadrons qui tournoyaient en tous sens autour d'eux, mettent bas les armes. Bagration précipite alors sa retraite et nous abandonne le champ de bataille. De toute son infanterie, et de cette belle et fière cavalerie de Lichtenstein que Lannes avait en face de lui le matin, il ne restait plus, à cette heure, un seul combattant en ligne. Nous avions fait plus de quatre mille prisonniers et tué à l'ennemi deux à trois mille hommes, sans compter les blessés.

C'était une véritable bataille que Lannes avait gagnée en personne, un magnifique triomphe dont tout l'honneur lui revenait.

X

Reprise acharnée du combat sur notre centre. — Prodiges de valeur des brigades Thiébault et Morand. — Le colonel du 10ᵉ léger et le général Saint-Hilaire. — En avant! à la baïonnette! — Le 4ᵉ de ligne surpris par les chevaliers-gardes. — Le général Rapp. — Charge des mameluks et des chasseurs à cheval de la garde. — Mort du colonel Morland. — Le maréchal Bessières et les grenadiers à cheval. — Prise de Krasnowitz par le colonel Gérard. — Déroute du centre des Austro-Russes.

Nous en avions fini sur notre droite ; mais le combat s'était renouvelé au centre avec acharnement. Napoléon venait d'amener au maréchal Soult les vingt-cinq mille hommes qu'il gardait auprès de lui. De son côté, Kutusoff, qui était parvenu à reformer ses troupes sous la protection de sa réserve et de quarante pièces d'artillerie, et à retirer en outre quelques-uns des régiments de son aile gauche, faisait d'incroyables efforts pour reprendre le plateau de Pratzen, sentant bien que c'était la clef de sa position.

Ce fut la brigade Thiébault, formant avec le 10e léger commandé par le général Morand la droite de la division Saint-Hilaire, qui eut à soutenir ce nouveau choc des Austro-Russes. Elle se trouva pendant quelque temps dans une position des plus critiques, obligée à la fois de faire face aux Russes, sur son flanc droit; aux Autrichiens, sur son front de bataille. Il lui fallut, au milieu de cette équerre de feu, se former en potence pour tenir tête aux assaillants; mais, bien inférieure en nombre, elle se fondait peu à peu sous les balles ennemies. Le général Saint-Hilaire, quoique blessé depuis le commencement de l'action, courait d'un régiment à l'autre encourager chaque soldat par ses paroles énergiques.

— Mon général, lui crie le colonel du 10e

léger, le brave Pouzet, commandez de marcher à la baïonnette, sans quoi nous sommes perdus.

— Eh bien ! à la baïonnette, mes enfants !

Et ce cri retentit sur toute la ligne : « En avant ! à la baïonnette ! »

On s'avança alors tête baissée sur les Russes et on les rejeta dans les bas-fonds de Telnitz ; les Autrichiens furent également refoulés jusque sur la route d'Austerlitz.

Pour la seconde fois nous occupions le plateau à la droite de Pratzen. A la gauche de ce village, la brigade Varé et la division Vandamme venaient aussi de repousser les Austro-Russes ; mais, dans l'ardeur guerrière qui emportait nos troupes, le 1er bataillon du 4e de ligne s'était laissé aller beaucoup trop loin. Le grand-duc Constantin envoya aussitôt un escadron des chevaliers-gardes avec quatre pièces, pour lui couper la retraite. Surpris avant d'avoir pu se former en carré, ce bataillon est culbuté et sabré ; le porte-drapeau est tué. Un sous-officier, qui se précipite pour sauver l'aigle, est atteint mortellement à son tour ; un autre a le même sort, et les cavaliers de Constantin restent maîtres de ce glorieux trophée.

La confusion du combat et les nuages de fumée

qui s'élevaient de partout empêchèrent le bataillon de s'apercevoir de la perte de son aigle.

.Napoléon qui suivait avec attention tous les mouvements de son armée, se tourne aussitôt vers Rapp, et, lui indiquant de la main l'endroit où se passait cette échauffourée : « Courez vite là bas, lui dit-il, et réparez ce désordre. »

Rapp part comme un trait avec les mameluks et les chasseurs à cheval de la garde impériale. Sans être arrêté par une décharge à mitraille, il fond sur la cavalerie de Constantin et délivre le bataillon du 4e de ligne qui court venger son échec en enlevant deux drapeaux à l'ennemi. Mais Rapp est aussitôt assailli par le régiment tout entier des chevaliers-gardes; en même temps une batterie russe prenait en écharpe les chasseurs de la garde. Leur colonel, le brave Morland, est tué; le désordre se met dans les rangs; les chasseurs sont ramenés. Heureusement le maréchal Bessières suivait avec les grenadiers à cheval.

Ces vieux soldats de l'ancienne garde consulaire, jaloux d'inaugurer en ce jour leur titre de garde impériale, eurent bientôt écrasé et dispersé les brillants cavaliers d'Alexandre, enlevé leur étendard et fait prisonnier leur commandant, le prince Repnin. Le grand-duc Constantin lui-même ne dut son salut qu'à la vitesse de son cheval.

Dans le même moment, le colonel Gérard (depuis maréchal de France), alors aide de camp de Bernadotte, débouchait sur le plateau de Pratzen avec trois régiments tout frais, empruntés à la division Drouet. Il abordait avec une énergique bravoure l'infanterie de la garde russe, et, après une lutte opiniâtre, la refoulait jusque dans le village de Krasnowitz. On s'y battit avec fureur pendant quelque temps; mais les Russes furent contraints de nous céder ce village, et nous abandonnèrent un nombre considérable de prisonniers.

Il était environ deux heures. La victoire était complétement assurée et l'ennemi en pleine retraite sur tous les points, excepté sur sa gauche.

XI

Napoléon marche avec la garde, les grenadiers Oudinot et le corps de Soult contre la gauche des Austro-Russes. — Désastre affreux de ces derniers. — Les trophées de la victoire. — Admirable bravoure de nos soldats. — Le 4ᵉ et le 14ᵉ de ligne; les 17ᵉ, 55ᵉ, 56ᵉ, 40ᵉ, 43ᵉ, 48ᵉ et 53ᵉ de ligne; les 10ᵉ, 13ᵉ et 15ᵉ légers. — Proclamation de l'Empereur à l'armée pour lui témoigner son contentement. — Pensions, gratifications et récompenses qu'il lui accorde. — Le 4ᵉ de ligne et son aigle. — Deux drapeaux pour un ! — Les vieilles moustaches.

Napoléon laisse sur le plateau les divisions Drouet et Rivaud, prend à droite, par le chemin même que les trois colonnes russes ont suivi le matin, et se transporte rapidement avec la garde, les grenadiers Oudinot et le corps de Soult, sur les derrières de l'aile gauche ennemie, commandée par Buxhœwden. Il était temps, car le maréchal Davoust et le général Friant, qui, depuis le commencement de la journée, avaient eu à soutenir dix charges successives de toutes les forces réunies de Buxhœwden, se voyaient à la veille de succomber, malgré les plus héroïques efforts. Le brave Friant avait eu quatre chevaux tués sous lui.

A peine l'Empereur paraît-il, que soudain tout change de face. La terreur gagne les Austro-Russes : une horrible confusion se produit dans toutes leurs divisions. Le lieutenant général Pribyschewski est fait prisonnier avec six mille hommes, dans la vallée de Sokolnitz. Deux autres colonnes tombent également entre

nos mains, l'une près des marécages de Kobelnitz, l'autre sur la route même de Brunn,
où les coalisés s'étaient donné rendez-vous
après la victoire. Buxhœwden, qui avait près
de lui une réserve de quatre régiments, averti
encore assez à temps du danger qu'il courait,
se retira sur Augezd avec tout ce qu'il put
réunir de troupes. Il traversait ce village au
moment où la division Vandamme y entrait de
son côté, et ce ne fut qu'à grand'peine qu'il
regagna Austerlitz avec quelques bataillons
seulement. Le reste de sa colonne et celle du
général Langeron furent arrêtés et faits prisonniers, au nombre de quatre mille hommes. Ce
qui parvint à nous échapper s'enfuit en désordre vers les étangs glacés de Satschau.

Un sort affreux les y attendait. Les premiers arrivés réussirent à traverser, mais
bientôt la glace se rompit sous le poids de
l'artillerie et des bagages : hommes, chevaux
et canons, tout fut englouti. Napoléon mit le
comble à ce désastre en faisant tirer à boulet
sur les parties de la glace qui résistait encore ;
elle s'entr'ouvrit pour se refermer aussitôt sur
près de deux mille hommes.

De cette aile gauche des Austro-Russes, si

nombreuse le matin, il ne restait plus à cette heure que sept à huit mille hommes, et dans quelle situation ! Pressés entre ces fatals étangs d'un côté, et nos baïonnettes de l'autre, ils n'offraient que des débris de toutes armes et de tous régiments mêlés et confondus. Cependant le général Doctoroff parvient à les remettre en ordre et va s'adosser à un relèvement de terrain, bien résolu de combattre jusqu'à la dernière extrémité. Il place sur son front la cavalerie de Kienmayer, son artillerie en seconde ligne, son infanterie par derrière, et nous attend dans cette position.

Les dragons Beaumont, que l'on venait d'appeler de la gauche à la droite, sont aussitôt lancés sur cette cavalerie : ils l'abordent avec impétuosité, la sabrent et la poursuivent jusque sous la bouche même des canons de Doctoroff ; mais là ils sont arrêtés tout à coup par la mitraille et par un feu roulant de mousqueterie qui disloque et brise leurs rangs.

Alors accourent au pas de charge les divisions Vandamme et Saint-Hilaire, qui, malgré ce feu terrible et à brûle-pourpoint, enlèvent les pièces à la baïonnette et précipitent les fantassins de Doctoroff sur Telnitz, où ils sont reçus par les décharges de la division Friant.

Ainsi acculés, il ne leur restait plus d'autre ressource que de se rendre ou de recourir à la voie si périlleuse des étangs. Beaucoup y trouvèrent la mort; d'autres plus heureux, ayant découvert une vieille chaussée, purent s'échapper à la faveur de l'obscurité profonde de la nuit; le plus grand nombre toutefois tomba entre nos mains.

« J'avais bien vu des déroutes dans ma vie, dit à ce sujet le général Langeron, mais je n'en avais jamais vu de pareille. »

En effet, depuis les guerres de la Révolution, il n'y avait pas eu d'exemple d'une défaite aussi écrasante.

Les pertes des Austro-Russes étaient immenses. Près de quarante mille hommes étaient hors de combat, dont vingt et un mille prisonniers. Parmi ceux-ci se trouvaient dix généraux, douze colonels et quatre cents officiers de tous grades. Les ennemis avaient en outre perdu dans cette journée quarante-cinq drapeaux, y compris les étendards de la garde russe, et cent quatre-vingts bouches à feu. De notre côté, nous avions eu deux mille hommes tués et cinq mille blessés, chiffre énorme relativement à celui de nos soldats qui furent engagés. Quarante-cinq mille hommes tout au plus avaient pris part à l'affaire. Il y eut des régiments, même des corps entiers, qui ne brûlèrent pas une amorce. La garde et les grenadiers Oudinot étaient au désespoir de n'avoir pas donné.

Ainsi, tandis que les coalisés épuisaient jusqu'à leur dernière réserve, l'Empereur, grâce à ses hautes combinaisons stratégiques, trouvait moyen de les battre avec quarante-cinq mille hommes, c'est-à-dire dans la proportion d'un contre d'eux. Mais aussi quelle ténacité ! quels efforts héroïques ! Pour être juste, il faudrait citer tous les régiments qui se trouvèrent engagés. Mentionnons au moins le 4ᵉ et le 14ᵉ de ligne, dont le commandant, le colonel Mazas, fut tué ; les 17ᵉ, 53ᵉ, 36ᵉ, 40ᵉ, 43ᵉ, 48 et 53ᵉ de ligne, ainsi que les 10ᵉ, 13ᵉ et 15ᵉ légers. Tous avaient fait l'impossible dans cette journée : Napoléon s'empressa de leur en témoigner son contentement.

Austerlitz, 12 frimaire (3 décembre .

« Soldats,

« Je suis content de vous : vous avez, à la

« journée d'Austerlitz, justifié tout ce que j'at-
« tendais de votre intrépidité. Vous avez dé-
« coré vos aigles d'une immortelle gloire. Une
« armée de cent mille hommes, commandée par
« les empereurs de Russie et d'Autriche, a été,
« en moins de quatre heures, ou coupée ou
« dispersée. Ce qui a échappé à votre fer s'est
« noyé dans les lacs.

« Quarante drapeaux, les étendards de la
« garde impériale de Russie, cent vingt pièces
« de canon [1], vingt généraux, plus de trente
« mille prisonniers, sont les résultats de cette
« journée à jamais célèbre. Cette infanterie
« tant vantée, et en nombre supérieur, n'a pu
« résister à votre choc, et désormais vous n'a-
« vez plus de rivaux à redouter. Ainsi, en
« deux mois, cette troisième coalition a été
« vaincue et dissoute. La paix ne peut plus
« être éloignée; mais, comme je l'ai promis à
« mon peuple avant de passer le Rhin, je ne
« ferai qu'une paix qui nous donne des garan-
« ties et assure des récompenses à nos alliés.

« Soldats, lorsque le peuple français plaça
« sur ma tête la couronne impériale, je me

[1] L'Empereur, à ce moment, ne pouvait pas connaître
encore le chiffre exact des pertes de l'ennemi.

« confiai à vous pour la maintenir toujours
« dans le haut éclat de gloire qui seul pouvait
« lui donner du prix à mes yeux. Mais, dans
« le même moment, nos ennemis pensaient à
« la détruire et à l'avilir ; et cette couronne
« de fer, conquise par le sang de tant de
« Français, ils voulaient m'obliger à la placer
« sur la tête de nos plus cruels ennemis ; pro-
« jets téméraires et insensés, que, le jour
« même du couronnement de votre Empe-
« reur, vous avez anéantis et confondus. Vous
« leur avez appris qu'il est plus facile de nous
« braver et de nous menacer que de nous
« vaincre.

« Soldats, lorsque tout ce qui est nécessaire
« pour assurer le bonheur et la prospérité de
« notre patrie sera accompli, je vous ramène-
« rai en France : là, vous serez l'objet de mes
« plus tendres sollicitudes. Mon peuple vous
« reverra avec joie, et il vous suffira de dire :
« J'étais à la bataille d'Austerlitz, pour que
« l'on réponde : Voilà un brave ! »

« Napoléon. »

De si glorieux travaux voulaient être noble-
ment récompensés. L'Empereur, par un décret,
en date du 7 décembre, adoptait tous les

enfants des généraux, officiers et soldats tués à Austerlitz, et ordonnait qu'ils fussent élevés et instruits à ses propres frais ; puis placés, mariés et dotés sur les fonds de sa cassette.

Un second décret constituait une pension de six mille francs aux veuves des généraux ; deux mille quatre cents à celles des colonels, et ainsi de suite, jusqu'aux veuves des simples soldats, qui reçurent deux cents francs.

Une gratification de cent millions était en outre accordée à la Grande-Armée.

Après avoir pris ces généreuses dispositions, l'Empereur dut songer à partir pour aller presser la conclusion de la paix. Mais, avant de s'éloigner, il voulut passer en revue son armée et lui distribuer lui-même les décorations et les grades qu'elle avait si bien mérités.

Arrivé au 4ᵉ de ligne [1], qui avait eu, comme

---

[1] Formé en grande partie, à la première révolution, avec le régiment de Picardie, le plus vieux de l'ancienne armée royale, le 4ᵉ de ligne conserva soigneusement les titres d'honneur de ses glorieux devanciers. Pendant le Consulat et l'Empire, il fut commandé par le prince Joseph Bonaparte, et par Bigarré et Boyeldieu, devenus tous deux généraux de division. En 1812, le 4ᵉ faisait partie du corps du maréchal Ney ; il avait pour colonel le brave Massy, tué au début de la campagne, et qui fut si dignement remplacé par M. le duc de Fezensac, aujourd'hui général de division en retraite.

on sait, le malheur de perdre son drapeau.
Napoléon passa et repassa devant le front du
régiment, comme s'il eût cherché quelque
chose. Puis, tout à coup prenant un ton ferme
et sévère :

« Soldats, dit-il, qu'avez-vous fait de l'aigle
que je vous avais confiée? Vous aviez juré de
la défendre au péril de votre vie; comment
avez-vous tenu vos serments? »

Le major Bigarré répondit que le porte-drapeau avait été tué dans une charge et au plus
fort de la mêlée ; que la fumée des coups de
fusil avait empêché dans le moment même de
s'apercevoir de la disparition de l'aigle, et que
le régiment s'était trouvé presque aussitôt aux
prises avec la garde russe.

La figure de l'Empereur sembla se radoucir :

« Officiers et soldats, reprit-il d'un ton
moins sévère, jurez que pas un de vous ne s'est
aperçu de la perte de son drapeau, sans quoi
vous vous seriez fait tuer jusqu'au dernier
pour le reprendre; car un soldat qui a perdu
son aigle a tout perdu. »

Mille bras se lèvent et mille voix s'écrient :

— Nous le jurons!...

— Et nous jurons, Sire, ajouta le major, de

défendre l'aigle que vous nous confierez avec autant de bravoure que nous en avons mis à nous emparer de ces deux drapeaux.

Au même instant, deux vieux sous-officiers, tout chevronnés d'or, sortent des rangs avec les étendards russes et les présentent à l'Empereur.

— Ah! deux pour un! fit Napoléon, ravi de cette surprise. Puis, se tournant vers les deux vieilles moustaches : — Mes braves! je vous donnerai une nouvelle aigle.

Le 12 décembre, Napoléon quittait Austerlitz, et quelques jours après la paix était signée à Presbourg.

Ainsi se termina la campagne d'Autriche de 1805, campagne aussi féconde en grands résultats politiques que prodigieuse au point de vue de l'art stratégique. On eût dit que Napoléon, à mesure qu'il s'élevait à de plus hautes destinées, se croyait tenu de reconnaître cette élévation par de nouveaux miracles, par des victoires toujours plus éclatantes :

Marengo avait été le don de joyeux avénement du Consulat à vie, Austerlitz fut celui de l'Empire !

FIN DU LIVRE SECOND